BEI GRIN MACHT SICH IHR WISSEN BEZAHLT

AF139752

- Wir veröffentlichen Ihre Hausarbeit,
  Bachelor- und Masterarbeit

- Ihr eigenes eBook und Buch -
  weltweit in allen wichtigen Shops

- Verdienen Sie an jedem Verkauf

Jetzt bei www.GRIN.com hochladen und kostenlos publizieren

GRIN

Bibliografische Information der Deutschen Nationalbibliothek:

Die Deutsche Bibliothek verzeichnet diese Publikation in der Deutschen National-
bibliografie; detaillierte bibliografische Daten sind im Internet über http://dnb.d-
nb.de/ abrufbar.

Impressum:

Copyright © 2017 GRIN Verlag, Open Publishing GmbH
Druck und Bindung: Books on Demand GmbH, Norderstedt Germany
ISBN: 9783668576797

Dieses Buch bei GRIN:

http://www.grin.com/de/e-book/381099/psychologie-des-gesundheitsverhaltens

Anonym

Psychologie des Gesundheitsverhaltens

Selbstwirksamkeitserwartung / Verlauf eines Beratungsgesprächs

GRIN Verlag

GRIN - Your knowledge has value

Der GRIN Verlag publiziert seit 1998 wissenschaftliche Arbeiten von Studenten, Hochschullehrern und anderen Akademikern als eBook und gedrucktes Buch. Die Verlagswebsite www.grin.com ist die ideale Plattform zur Veröffentlichung von Hausarbeiten, Abschlussarbeiten, wissenschaftlichen Aufsätzen, Dissertationen und Fachbüchern.

Besuchen Sie uns im Internet:

http://www.grin.com/

http://www.facebook.com/grincom

http://www.twitter.com/grin_com

Deutsche Hochschule für

Prävention und Gesundheitsmanagement

Hermann Neuberger Sportschule 3

66123 Saarbrücken

Einsendeaufgabe

Fachmodul:	Psychologie des Gesundheitsverhaltens
Studiengang:	B.A. Gesundheitsmanagement
Datum Präsenzphase:	28.02.2017 - 02.03.2017
Studienort:	Saarbrücken
Semester:	2016 WS

Inhaltsverzeichnis

1 Selbstwirksamkeitserwartung

1.1 Definition Selbstwirksamkeitserwartung

Die Selbstwirksamkeitserwartung, die auch als Kompetenzerwartung bekannt ist, wird als eine individuelle Auffassung beziehungsweise Überzeugung der eigenen Kompetenz definiert. Dies bezieht sich vor allem auf schwierige Handlungen, wie man mit ihnen umgeht und folglich auch das Zutrauen in die eigene Person, um diese zu Ende zu bringen (Jerusalem & Schwarzer, 2002). Das Konzept beruht auf der sozial-kognitiven Theorie von Albert Bandura (1997). Seine Theorie besagt unter anderem, dass „kognitive, emotionale und aktionale Prozesse durch subjektive Überzeugungen gesteuert" werden (Jerusalem & Schwarzer, 2002, S.35). Es geht nicht primär um die eigentlichen Fähigkeiten, die ein Mensch besitzt, sondern darum wie man in bestimmten Situationen reagiert, welche Erfahrungen man gemacht hat und wie groß der Glaube an sich selbst ist, die Herausforderung unter bestimmten Umständen zu meistern: „Perceived self - efficacy is concerned not with the number of skills you have, but with what you believe you can do with what you have under a variety of circumstances" (Bandura 1997, S. 37). Menschen, welche die Überzeugung besitzen mit schwierigen Gegebenheiten zurecht zu kommen, werden sich in der Folge mehr anstrengen, ein größeres Durchhaltevermögen zeigen und sich höhere Ziele setzen. Eine hohe Selbstwirksamkeit beziehungsweise das Zutrauen in die eigene Person steigert letztlich auch den persönlichen Erfolg (Bandura, 1997). Die Höhe der Selbstwirksamkeitserwartung beeinflusst das gesamte Handeln, Befinden und Vertrauen in sich selbst. Nur wer eine positive Einstellung hat und sich etwas zutraut, wird erfolgreich sein.

1.2 Auswertung der Fragebögen

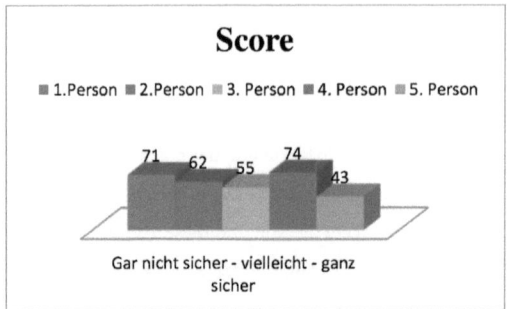

Abb. 1: Auswertung der SSA-Skala- Selbstwirksamkeit zur „sportlichen Aktivität"

Ich habe mich für den Fragebogen zur „sportlichen Aktivität" entschieden. Die fünf Fragebögen habe ich bewusst fünf Personen aus meinem Umfeld gegeben, die meiner Meinung nach die unterschiedlichsten Einstellungen zum Thema Sport haben. Alle Probanden sind berufstätig, haben einen unterschiedlichen Lebensstil und sind zwischen 24 und 61 Jahren alt. Die Auswertung des Fragebogens dient zur Errechnung und Bestimmung der Selbstwirksamkeit bezogen auf die „sportliche Aktivität".

Bei der Auswertung wird deutlich, dass jedem der Probanden ein aktives Leben wichtig ist, jedoch hat der Sport dabei einen unterschiedlichen Stellenwert.

Der niedrigste Score bei den Probanden beträgt 43 und wird von der jüngsten der befragten Personen (fünfte Person) erreicht. Der Score bei diesem Test resultiert aus der Aufsummierung der zwölf gestellten Fragen. Der niedrigste Score liegt bei 12 und der Höchste bei 84. Die jüngste Probandin liegt somit im Mittelfeld, auch wenn sie insgesamt bei dem durchgeführten Test den niedrigsten Score erzielt hat.

Es wird deutlich, dass die Person ungern ihr geplantes Vorhaben umsetzt, wenn ihr stattdessen andere Möglichkeiten offen stehen zum Beispiel: „Freunde zu Besuch sind, andere Personen etwas unternehmen wollen, viel Arbeit zu erledigen ist oder wenn sie Müdigkeit verspürt." Anders sieht es aus, wenn die Person sich angespannt fühlt. Bei diesem Gemütszustand ist sie sich „ganz sicher", dass sie ihr Vorhaben in die Tat umsetzen wird.

Die meisten Kreuze hat die Person in den Spalten „gar nicht sicher" und „vielleicht" gemacht, was dafür spricht, dass sie in sich selbst noch nicht gefestigt und sehr unentschlossen in ihren Entscheidungen ist. Ihre Selbstwirksamkeit, wie auch der eigene Glaube an die Fähigkeit Handlungen zu organisieren und auszuführen, muss sich bei dieser Person noch weiterentwickeln. Ihr Mittelwert wie auch der Median liegt mit 3,5 am niedrigsten, bei der Standardabweichung liegt sie, mit 1,7, knapp hinter der zweiten und dritten Person. Die zweite Person hat einen Score von 62 und die dritte Personen einen Wert von 55. Beide liegen bei der Auswertung im Mittelfeld und ich würde sie als Personen mit einer etwas höheren Selbstwirksamkeit bezüglich des Sports einstufen. Diese Personen lassen sich allerdings gerne von anderen Dingen ablenken oder stellen den Sport zurück, wenn: „Freunde zu Besuch sind, andere Personen etwas unternehmen wollen oder ihre Familie/ Freunde sie beanspruchen".

Vor allem das Item, in dem nach der Beanspruchung gefragt wird, weist darauf hin, dass sie oftmals andere Personen vor sich selbst stellen und sie damit in den Hintergrund rutschen. Ihre Selbstwirksamkeit und deren Bewusstsein sollte noch etwas ausgebaut werden. Auch in den weiteren Auswertungen gibt es zwischen dem zweiten und dritten Proband nur geringe Abweichungen. So liegt der Mittelwert bei dem ersten Probanden bei 5,1, bei dem Zweiten bei 4,5. Die Standardabweichung ist nahezu identisch mit 1,85 und 1,88, lediglich der Median weicht etwas stärker mit 6,0 und 4,0 ab. Beide Proban-den lassen sich nicht davon abhalten Sport zu treiben, wenn: „Sie keinen finden, der mit ihnen Sport treibt, schlechtes Wetter ist, noch Arbeit zu erledigen ist oder auch ein inte-ressantes Fernsehprogramm läuft." Dies spricht wiederum dafür, dass sie durchaus standhaft bei ihren Entscheidungen sein können, etwas durchzuführen und sich nicht davon abbringen lassen. Sport wird von allen Probanden als etwas angesehen, womit sie zu sich selbst finden, ihrem Ärger Luft machen können und um einen klaren Kopf zu bekommen.

Bei zwei meiner Probanden (Proband 1 und Proband 4) zeigt die Auswertung, dass Sport ein wichtiger Bestandteil ihres Lebens ist. Der erste Proband hat einen Score von 71, der zweite Proband einen Score von 74, was auf eine ausgeprägte Selbstwirksamkeit hindeutet. Sie haben sich ein Ziel gesetzt und wollen dies auch erreichen, dafür verzich-ten sie bei Bedarf auch auf einige Dinge. Lediglich der soziale Aspekt kann sich auch bei diesen Personen auf die Entscheidung auswirken. Der Mittelwert der beiden Test-personen liegt mit 5,9 und 6,1 am höchsten in der Auswertung, daher sind auch die Standardabweichungen mit 1,3 und 0,8 am niedrigsten, der Median wiederum mit 6,5 und 6 am höchsten. Letztendlich sind beide Probanden konstant sicher in dem was sie tun, sind in sich selbst gefestigt und wissen, dass sie sich auf ihre Fähigkeiten und ihr Durchhaltevermögen zum Erreichen ihrer Ziele verlassen können.

1.3 Vergleich der Studien

Tab. 1: Tabellarische Gegenüberstellung zweier wissenschaftlicher Studien zum Thema „ Selbstwirksamkeitserwartung".

	Dohnke et al. (2006)	Schneider & Rief (2007)
Fragestellung(en)	1) Haben Reha- Motivationen (Ergebniserwartung und Selbstwirksamkeitserwartung) einen positiven Einfluss auf die Rehabilitation nach einer Hüftgelenksoperation?	1) Führen Therapieerfolge in der Schmerzbewältigung und Beeinträchtigung bei Patienten mit somatoformer Schmerzstörung zur Steigerung der Selbstwirksamkeitserwartung?
	2) Welchen Einfluss hat der körperliche Gesundheitszustand, das emotionale Wohlbefinden und die behandlungsbezogene Erfahrung auf die Erwartungstypen zu Beginn der Reha?	2) Welchen relativen Beitrag leisten Erfolge in diesen Bereichen?
Stichprobe	-1065 Patienten. -60% Frauen; Durchschnittsalter: 64,58 Jahre. -Die Mehrzahl der Patienten hatte die Hauptdiagnose Hüftarthrose (92%) -Die Reha- Maßnahmen begannen durchschnittlich 21,56 Tage nach der Operation und dauerten meist 22,64 Tage.	-Die Eingangskriterien[1] erfüllten N= 319 Patienten. -Sie waren im Mittel 47,9 Jahre alt und überwiegend weiblich (85,1%). -Im Schnitt blieben sie 38,4 Tage zur stationären Behandlung. -Sie erhielten im Durchschnitt 2,6 Diagnosen im ärztlichen Entlassungsbericht. -Bei Aufnahme gaben hiervon N=316 Patienten (99,1%) und bei Entlassung N=298 Patienten (93,4%) den Bogen ausgefüllt und mit dem Einverständnis zur wissenschaftlichen Analyse ab, was einer Rücklaufquote über beide Messzeitpunkte von 93,1% entspricht.
Materialien / Test	-Den Patienten wurde bei Reha- Beginn (T1), am Reha- Ende (T2) und sechs Monate nach Entlassung (T3) ein Fragebogen zur Beantwortung vorgelegt. In den ersten beiden Befragungszeitpunkten wurde nach Alter und Geschlecht, Schmerzen und eingeschränkten ADL-Funktionen gefragt (T1&T2). Ebenso wurde nach der Ergebnis- und Selbstwirksamkeitserwartung (T1) und nach Depressivität und behandlungsbezogene Erfahrungen sowie Arztangaben um körperlichen Gesundheitszustand (T1) gefragt. -Die Fragen bezogen sich auf die Schmerzen am operierten Hüftgelenk, das Ausmaß der Einschränkungen der Aktivitäten des	-Die Patienten, auf welche die Eingangskriterien passten, erhielten bei der Aufnahme und Entlassung den Fragebogen zur „psychologischen Routinediagnostik" der Klinik mit den in der Studie verwendeten Skalen und Ratings. -Die Studie besteht aus vier Hypothesen, die sich damit beschäftigen, in welcher Abhängigkeit die Selbstwirksamkeit bei Patienten zunimmt. Sowie zwei offenen Fragestellungen: - „ Üben die Verbesserungen direkten oder indirekten Einfluss auf die Selbstwirksamkeitserwartung aus?" - „Wie groß ist der relative Einfluss der einzelnen Bereiche, welcher

---

[1] Alle konsekutiv aufgenommenen Patienten der Edertal Klinik, die zwischen April 2002 und Juli 2003 eine stationäre psychosomatische Rehabilitation erhielten und als Hauptdiagnose eine „Anhaltende somatoforme Schmerzstörung" aufwiesen.

6

	täglichen Lebens (ADL-Funktion), Behandlungserwartung, (beschwerdebezogener) Selbstwirksamkeitserwartung, Depressivität sowie Fragen über den körperlichen Gesundheitszustand. Diese wurden durch numerische Ratingskalen erfasst und ausgewertet.	Bereich übt den stärksten Einfluss auf die Steigerung der Selbstwirksamkeitserwartung aus?" Ziel ist es eine individuelle Rehabilitation, auf der Basis des biopsychosozialen Störungsmodells aufzubauen, um ein verhaltenstherapeutisches multidisziplinäres Behandlungsangebot vorweisen zu können.
Untersuchungsdesign	-Prospektive Beobachtungsstudie mit drei Messzeitpunkten (zu Reha-Beginn, Reha – Ende und sechs Wochen nach der Reha) -Die Daten stammen aus einer multizentrischen Längsschnittstudie zur „Rehabilitation nach Hüftgelenkersatz", die in 13 orthopädischen Reha-Kliniken durchgeführt wurde.[2]	-Einer Feldstudie mit anfallender Stichprobe und zwei Messzeitpunkten.
Hauptergebnis	-Die *Längsschnittanalyse* bestätigt, dass Patienten, die zu Beginn der Reha eine positive Ergebniserwartung und eine hohe Selbstwirksamkeitserwartung aufweisen am Ende der Reha ein besseres Ergebnis erzielen, als diese die nicht so positiv sind. Vor allem weisen sie eine geringere Anzahl ADL-Einschränkungen auf. -In der *Querschnittsanalyse* wurde der Einfluss des körperlichen Gesundheitszustands, des emotionalen Wohlbefindens und behandlungsbezogener Erfahrungen auf beide Erwartungstypen zu Reha-Beginn untersucht. -Auch bestärkt die Querschnittsanalyse die Aussage, dass die Selbstwirksamkeitserwartungen umso höher waren, je geringer die Depressivitätswerte und die Ergebniserwartungen umso positiver, je höher die Selbstwirksamkeitserwartungen waren. Ebenso wird darauf eingegangen, wie wichtig die Ergebnis- und Selbstwirksamkeitserwartung im Reha- Prozess sind. Daher sollten sie noch mehr in die die Reha- Forschung sowie Reha- Praxis integriert werden.	-Es wurden zwei Strukturgleichungsmodelle entwickelt, die durch Kreuzvalidierung abgesichert wurden. Beide Modelle führen zu einer Varianzaufklärung der Änderung im Bereich der Selbstwirksamkeitserwartung von 65%. -Sie bestätigen die Hypothese, dass Schmerzbewältigungsstrategie/ Schmerzbewältigungskompetenz, in starken Maße indirekt wirken (0,43). Sie wirken indirekt vor allem über die Reduktion der schmerzspezifischen und allgemeinpsychologischen Beeinträchtigungen, sowie auf die direkte Erfolgseinschätzung. Daher ergibt sich, dass die Verbesserung der Schmerzbewältigungsstrategie den stärksten Effekt hat (0,62). -Die Studie zeigt auf, wie wichtig es ist, eine effektive Schmerzbewältigungsstrategie zu entwickeln um ein erfolgreiches, schmerzfreies Ergebnis zu erzielen.

In beiden Studien geht es um Ergebnis- und Selbstwirksamkeitserwartung, deren Auswirkungen, Beeinflussungen und Strategie, sich diese zwei Kompetenzen anzueignen.

---

[2] Sie war Teil des Projektes „ Qualitätsmanagementsystem für die medizinische Rehabilitation Muskuloskelettaler Krankheiten"(MSK- QMS)

In der Studie von Birte Dohnke, Werner Müller-Fahrnow und Bärbel Knäuper geht es um den „Einfluss von Ergebnis- und Selbstwirksamkeitserwartung auf die Ergebnisse einer Rehabilitation nach Hüftgelenksersatz" (im Nachfolgenden „Studie 1" genannt). Die Studie von Jessica Schneider und Winfried Rief beschäftigt sich mit den „Selbstwirksamkeitserwartungen und Therapieerfolge bei Patienten mit anhaltender somatoformer Schmerzstörung (ICD-10:F45.4)", (im Nachfolgenden „Studie 2" genannt). Bei Studie 1 handelt es sich um eine prospektive Beobachtungsstudie, mit drei Messzeitpunkten, in der 1065 bewusst ausgewählte Patienten teilnehmen. Bei Studie 2 handelt es sich um eine Feldstudie mit anfallender Stichprobe und zwei Messzeitpunkten, welche nur mit 319 zufällig auserwählten Patienten durchgeführt wird. Folglich wird durch die geringe Zahl der Teilnehmer die Genauigkeit der Auswertung der Studie erschwert, da bei einer geringeren Anzahl von Probanden eventuelle Ausreißer mehr ins Gewicht fallen und somit das Ergebnis verfälschen können. Die Ergebnisse aus den Fragebögen wurden durch Strukturgleichungsmodelle im Rahmen konfirmatorischer Pfadanalysen analysiert und kreuzvalidiert. In Studie 1 stammen die Daten aus einer multizentrischen Langzeitstudie. Durch hierarchisch, multiple Regressionsanalysen mit abhängigen Variablen wurden Vorhersagen über das Reha-Ergebnis am Ende der Reha durch Ergebnis und Selbstwirksamkeitserwartung zu Beginn der Reha getroffen. Allerdings bezieht sich das Ergebnis lediglich auf das Reha-Ende. Der Richtwert, "sechs Wochen nach Reha-Ende", findet in dem Ergebnis keine Berücksichtigung, was die Aussage über den tatsächlich langfristigen Erfolg leider offen lässt. Beide Studien wurden durch genaue Skalen, numerische Ratings und abhängigen Variablen berechnet und ausgewertet, sodass beide zu dem Ergebnis kommen, dass eine positive Ergebniserwartung sowie eine hohe Selbstwirksamkeitserwartung zu einem besseren Heilungsprozess und geringeren ADL-Einschränkungen führen. Studie 2 verweist darauf, wie wichtig eine positive Sicht auf die Genesung ist, beleuchtet aber auch das Gegenteil, dass Personen mit geringerer Selbstwirksamkeitserwartung sich häufig in einer ausweglosen Situation befinden, die oftmals zu einer emotionalen und behavioralen Beeinträchtigung führt.

2 Literaturrecherche: Suchterkrankungen

Suchterkrankungen und Abhängigkeiten äußern sich ganz individuell, das Krankheitsbild hat viele Gesichter und Facetten. Nach Möller et. al. (2005, S. 36) wird Sucht wie
folgt definiert: „Ein Zustand periodischer oder chronischer Intoxikation, verursacht
durch wiederholten Gebrauch einer natürlichen oder synthetischen Substanz, der für das
Individuum und die Gesellschaft schädlich ist". Abgesehen von stoffgebundenen Süch-
ten wie Alkohol, Zigaretten, illegale Drogen usw. gibt es nichtstoffgebundene Suchtbil-
der die auf den ersten Blick harmloser erscheinen, wie z.b. Kauf- oder Spielsucht, die
die Betroffenen ebenso in eine Abhängigkeit treiben. Die Betroffenen sind tatsächlich
abhängig, sie sind angewiesen, ihre Sucht zu befriedigen, um lebensfähig zu sein. Diese
Abhängigkeit/Sucht wird dann zu einem Pathologischen Phänomen, für einen gesunden
Menschen eine kaum vorstellbare Verhaltens- und Lebensweise. Der Betroffene versucht aus der für ihn ausweglosen Realität in eine Scheinwelt zu flüchten (Tölle, 1999).
Warum Menschen an einer Sucht erkranken bzw. eine Abhängigkeit entsteht, kann
durch die unterschiedlichsten Auslöser heraus begründet sein. Oftmals möchten Menschen mit dem Konsum von Alkohol oder Drogen etwas betäuben, sie möchten sich in
eine Parallelwelt flüchten, in der sie ihren gegenwärtigen Schmerz betäuben. Wissenschaftler vermuten, dass chemische Substanzen auf Zentren im Gehirn einwirken und
gewisse Gefühle regulieren können. Die Konsumetappen gehen oft schleichend inei-
nander über. In der Regal beginnt es mit Probierkonsum, dann Gelegenheitskonsum,
Gewohnheitskonsum, Missbrauch und letztlich die Sucht (Sting & Blum, 2003). Aber
auch das familiäre Umfeld kann dafür verantwortlich gemacht werden, dass Betroffene
in eine Sucht abrutschen. Sei es, dass Kinder es so vorgelebt bekommen, durch Missbrauch oder fehlende Liebe kann eine Störung des emotionalen Gleichgewichts entstehen und somit eine Leere, die gefüllt werden muss (Schulze, 2003).
Es gibt viele theoretische Grundlagen, wieso Menschen sich von einer Sucht so in den
Bann ziehen lassen, dass sie davon abhängig werden und das reale Leben an ihnen vor-
beizieht. So fern der Realität, ihrem Zwang nachzugeben, dass sie die Kontrolle über
das eigene Leben verlieren. Neben der Ätiologietheorie, die sich mit den Faktoren für
die Entstehung eines Problems beschäftigt und der Interventionstheorie, die sich damit
beschäftigt, wie die Faktoren verhindert oder vermieden werden können (Hüttemann,
Schmid & Rösch, 2010), ist eine weitere theoretische Grundlage die triebtheoretischen
Konzepte von Freud. Anfangs ist es oft die reine Lust nach etwas, die gestillt werden
soll. Der süchtige Mensch sucht eine Befriedigung für seine Lust, wenn er nüchtern ist

9

fühlt er sich einsam, leer und oft nutzlos. Das Gefühl versucht er dann wiederum durch exzessive Befriedigung auszugleichen (Freud, 1905). Wichtig ist, dass frühzeitige Erkennen der Krankheit und vor allem das Eingestehen der Sucht und der Abhängigkeit der betroffenen Person. Suchterkrankungen sind schon lange keine Einzelfälle mehr. Das Krankheitsbild der Suchterkrankungen ist längst in Deutschland angekommen. Das belegen auch aktuelle Daten und Fakten die unter anderem das Bundesministerium für Gesundheit in einem Artikel (BMG, 2016) unter Berücksichtigung repräsentativer Studien (Epidemiologischer Suchtsurvey 2012) veröffentlichte. Sie kommen zu folgenden empirisch nachgewiesenen Zahlen: 14,7 Millionen Deutsche rauchen, 1,8 Millionen Menschen sind alkoholabhängig, rund 2,3 Millionen Menschen sind tablettenabhängig, 600.000 Menschen konsumieren Cannabis und andere illegale Drogen und ca. 500.000 Betroffene leiden an einem unnatürlichen oder sogar pathologischen Glücksspielverhalten. Auch wird geschätzt, dass es in Deutschland etwa 560.000 Onlineabhängige gibt (BMG, 2016). Durch diese Missbräuche nehmen die Betroffenen erhebliche Folgeschäden in Kauf, vor allem der missbräuchliche Konsum von Alkohol kann das Risiko, an schwerwiegenden Systemerkrankungen zu erkranken, erhöhen. Schätzungsweise sterben von den 1,8 Millionen Alkoholabhängen 74.000 an dem übermäßigen Konsum (BMG, 2015). Die meisten Erkrankten bezahlen ihr Suchtverhalten mit dem finanziellen Ruin oder mit ihrem Leben. Laut der Bundeszentrale für gesundheitliche Aufklärung (BZgA, 2017) sterben jährlich etwa 1.300 Menschen an den Folgen des Drogenmissbrauchs. Insbesondere die Gefahr von Rauchen wird massiv unterschätzt. Rauchen gehört zu unserer Gesellschaft und hat für viele Menschen einen hohen Stellenwert, trotz Anti-Rauch-Kampagnen, verschärften Tabakgesetzen und Preiserhöhungen sterben jährlich ca. 120.000 Menschen, an den Folgen ihres Konsums (BMG, 2016)

Um dem entgegenzuwirken, bedarf es frühzeitiger, präventiver Maßnahmen. Vor allem ist es wichtig, Kinder und Jugendliche aufzuklären und ihnen einen Ausweg aufzuzeigen. Auch muss das Vorurteil, dass Suchterkrankte labile, schwache Charaktere seien, beseitigt werden. Dass Menschen Süchte entwickeln und in diese Abrutschen, hat meist damit zu tun, dass der Konsum einer Substanz ihnen dabei hilft, ein Unlustgefühl zu verdrängen und ein Lustgefühl zu steigern, durch beispielsweise Dogen; Tabak, oder Alkohol. Wenn das der Fall ist, spricht man von einer Abhängigkeit, wobei man auch hier wiederum unterscheiden muss zwischen psychischer, physischer und der körperlicher Abhängigkeit (Heinze & Reuß, 2009, S. 13).

Um diesen Abhängigkeiten entgegenzuwirken, gibt es einige Präventions- und Interventionsprogramme zur Reduktion von Gesundheitsrisiken. Um jedoch Erfolge zu erzielen, ist es wichtig, dass die Betroffenen selbst den Willen zeigen etwas zu ändern. Sie selbst müssen die treibende Kraft dahinter sein. Ein schönes und sinnvolles Projekt, welches von den Institutionen wie der „Stiftung Deutscher Kindersuchthilfe" oder auch von dem „Bundesministerium für Gesundheit" ins Leben gerufen wurde, ist das Projekt „Trampolin- Kinder aus suchtbelasteten Familien entdecken ihre Stärken" oder auch die 12. Sucht-Selbsthilfekonferenz 2017 zum Thema "Abstinenz-Konsum-Kontrolle" (DHS, 2017). Prävention und Frühintervention muss vor allem bei Risikogruppen und in den unterschiedlichsten Settings betrieben werden, sie müssen von Beginn an in ein stabiles Umfeld eingegliedert werden. Aber nicht nur auf die Risikogruppen sollte präventiv eingewirkt werden, denn „Sucht- und Abhängigkeitserkrankungen sind gesamtgesellschaftliche Probleme" (Nationale Strategie zur Drogen- und Suchtpolitik, 2012, S. 6). Somit sind auch die Konsequenzen für eine gesundheitsorientierte Beratung vielfältig. Daher sollte jeder über Sucht/ Abhängigkeit und deren Folgen aufgeklärt sein. Ebenso wichtig ist es, Methoden und Möglichkeiten aufzuzeigen, in denen den Suchterkrankten eine Hilfe bei ihrem Ausstieg geboten wird, durch stationäre oder ambulante Angebote. Laut der Nationalen Strategie- zur Drogen und Suchtpolitik (2012, S 9-10), gibt es verschiedene Ebenen der Drogen- und Suchtpolitik. An diesen Ebenen sollte sich orientiert werden, damit der Suchtkranke die Chance hat, dem Teufelskreis zu entkommen und gesund zu werden. Eine Ebene ist die Prävention an sich, einer der wichtigsten Aspekte, die mit Nachdruck ausgebaut werden muss. Nächste wichtige Punkte sind die Beratung, Betreuung und Behandlung und die Hilfe zum Ausstieg. Betroffene schaffen es oftmals nicht aus eigener Kraft. Für Abhängige, für die der Weg zum Ausstieg noch sehr weit in der Ferne liegt, sollten durch Maßnahmen der Schadensreduzierung Möglichkeiten geboten werden, ihrer Sucht auf einem hygienischen Weg nachzugehen. Um ganz an den Ursprung des Problems zu gehen, sollten die Gesetze schärfer gehandhabt werden.

Eine Sucht/ Abhängigkeit stellt ein schwerwiegendes Krankheitsbild dar, welches durch die unterschiedlichsten Dinge und zu den unterschiedlichsten Zeitpunkten, ob in der Kindheit oder im Erwachsenenalter, ausgelöst werden kann. Wir als Gesellschaft, sollten versuchen, durch präventive Maßnahmen dagegen anzukämpfen und jedem der Hilfe will, auch Hilfe anzubieten. Denn aus eigener Kraft aus dem Suchkreislauf auszubrechen ist ein schwieriges Unterfangen.

3 Beratungsgespräch

3.1 Modell Gesundheitsverhalten / gesundheitspsychologische Ziele

Ich habe mich für das Fallbeispiel 1 mit dem Thema „Übergewicht" entschieden. Bezogen auf das dynamische Transtheoretische Modell (TTM) befindet sich die Kundin auf der zweiten Stufe der „Stages of Change", der Absichtsbildung („contemplation"). Frau R. ist sich dessen bewusst, dass sie etwas für sich und ihren Körper tun muss. Der Wunsch nach Veränderung ist da, allerdings weiß sie nicht genau, wie sie etwas verändern kann. Auch bei der Abwägung von Vor- und Nachteilen, fallen häufig die Nachteile stärker ins Gewicht. Generell finden Menschen gerne Ausreden oder Entschuldigungen, warum sie etwas nicht tun können. Die Phase der Absichtsbildung kann eine sehr langandauernde Phase werden (Pieter, 2016, S. 248). In der Phase der Absichtsbildung ist vor allem das Bewusstsein der eigenen Schwächen wichtig um zielgerichtet dagegen arbeiten zu können. Die gesundheitspsychologischen Ziele im Verlauf der Beratung während der Intension- und Zielbildungsphase sind vielfältig. Das wichtigste Ziel jedoch, welches unbedingt erreicht werden muss ist, den Kunden über den Rubikon zu führen. Dafür sollte der Wunsch zu einem handlungswirksamen Ziel formuliert werden und ein gemeinsamer Weg gefunden werden. Dazu sollten die Motive und Beweggründe herausgearbeitet und Problem-bewusstsein geschaffen werden (Pieter, 2016, S 114-117). In der Volitionsphase empfiehlt es sich, mit Etappenzielen zu arbeiten. Wichtig ist die entwickelte, konkrete Handlungsstrategie auch umzusetzen und eine Erhöhung der Selbstwirksamkeitserwartung beim Kunde zu schaffen (Pieter, 2016, S. 113). Nur wenn man eine Kontinuität erzeugt und einen starken Willen besitzt, werden sich langfristige Erfolge einstellen. In diesem Fallbeispiel sind mögliche Ziele: Körperfettreduktion, Körperformung und Muskelaufbau, sodass sich Frau R. wieder wohl in ihrem Körper fühlt. Sie soll sich in den Mittelpunkt stellen, ohne ein schlechtes Gewissen zu haben, etwas für sich zu tun. Darüber hinaus sollten diesbezügliche Verhaltensänderungen formuliert werden, die erfüllbar und in den Alltag integrierbar sind, sodass sich schnell Erfolgserlebnisse einstellen können und eine Routine entstehen kann. Der Berater hat hier die Aufgabe eines Guides, indem er darauf achtet, dass er mit seinem/r Kunde/in eine Stufe nach der anderen entwickelt und erst mit der neuen Stufe beginnt, wenn die vorherige erfolgreich beendet wurde. Oftmals bedeutet das die Kundin immer wieder aufs Neue zu motivieren und sie zu überzeugen die Veränderung wirklich bis zum Ende durchzuziehen, denn nur so stellen sich Erfolge ein.

3.2 Rolle des Beraters

Der Berater sollte zu einer der wichtigsten Bezugsperson seiner Kunden werden. Das gelingt jedoch nur, wenn man gleich zu Beginn Sympathie füreinander empfindet. Schon in den ersten Sekunden des Aufeinandertreffens und des Gesprächsverlaufs entscheidet sich wie die weitere Zusammenarbeit und Zielerreichung verlaufen wird (Schlaffke & Plünnecke, 2016, S. 82-83). Um eine zielorientierte Gesprächsführung zu schaffen, muss der Beratungsprozess hauptsächlich vom Berater gesteuert, aktiv geführt und vor allem ganz individuell auf den Kunden ausgerichtet sein (Schlaffke & Plünnecke, 2016, S. 81). Für einen optimalen Gesprächseinstieg gibt es mehrere Möglichkeiten, welche vom Berater situationsabhängig genutzt werden können. Er entscheidet, ob er mit einem ausführlichen Beziehungsgespräch oder dem direkten Einstieg, der Beratung beginnt (Pieter, 2016, S. 275-280). Auch eine positive Verkaufssprache ist wichtig um eine gute Beziehung aufzubauen, sodass der Kunde immer mit positiven Ausdrücken adressiert wird (Schlaffke & Plünnecke, 2016, S. 78). Ein weiterer sehr wichtiger Aspekt um eine nachhaltige Beziehung mit dem Kunden zu führen, ist der Gewinn des nötigen Vertrauens und das Erfahren von relevanten Vorgeschichten des Kunden. Dafür eignet sich die Methode des „pacings", die vielseitig und in verschiedenen Prozessen einsetzbar ist. Diese Methode dient dazu, sein Ausdrucksverhalten an sein Gegenüber/ Gesprächspartner anzugleichen, um eine Verbesserung der Kommunikation zu erzielen (Sommer, 2005; zitiert nach Schlaffke & Plünnecke, 2016, S. 53). Damit können vor allem Fragen geklärt werden wie: „Welche Motivation treibt ihn an, wie ist es dazu gekommen?". Um noch gezieltere Informationen zu erhalten und den „guten Draht" zum Kunden auszubauen, gibt es folgende Methoden:

- verschiedene Fragetechniken: z.B. Offene Fragen, geschlossene Fragen, Suggestivfragen und Alternativfragen.

- aktives Zuhören,

- Einsatz von rhetorischen Mitteln,

- nutzenorientierte Argumentation: Was sind die Eigenschaften/Merkmale des Lösungsvorschlages oder des Angebotes, welche Vorteile/Neuheiten oder Besonderheiten hat es bezogen auf anderen Angeboten, Ideen oder Lösungen und was ist der effektive Nutzen für den Kunden (Schlaffke & Plünnecke, 2016, S. 48-54).

Nur wenn eine gute Beziehungsebene aufgebaut wurde, ist das Vertrauen des Kunden zum Berater stark genug, um sich in dessen Hände zu geben und offen zu arbeiten. Somit ist es auch eine wichtige Aufgabe des Beraters in dieser speziellen Phase sowohl bewusste als auch unbewusste Ängste, Eigenschaften oder Motive herauszufinden. Das genaue Zuhören und Hinschauen ist von großer Bedeutung. Der österreichische Wissenschaftler und Psychologe Paul Watzlavick zeigte schon mit seinen Axiomen auf, dass eine ständige Kommunikation auf den unterschiedlichsten Ebenen stattfindet (Schlaffke & Plünnecke, 2016, S. 36). Das Gegenüber kommuniziert auch durch nonverbale Äußerungen wie zum Beispiel: Körperhaltung, Gestik und Mimik (Schlaffke & Plünnecke, 2016, S.42-48). Als Berater sollte man das Feingefühl besitzen, die nonverbale und paraverbale Kommunikation lesen zu können sowie die Fähigkeit zu beherrschen, angemessen darauf zu reagieren. Es sollte nie außer Acht gelassen werden, dass die Beratung ein personenzentrierter Betreuungsprozess ist. Der Berater bietet die Möglichkeit, innere Stärken zu entwickeln und gleichzeitig die äußere Handlungsfähigkeit aufzubauen. Er ist nur eine helfende Hand seines Klienten, indem er ihn bei der Erreichung seiner Ziele unterstützt. Die Maßstäbe und Werte muss der Kunde selbst herausfinden. Der Berater übernimmt nun die Rolle des Coaches und lenkt mit Hilfe der passenden Fragen auf den richtigen Weg zur Zielerreichung.

Nachdem das Vertrauen aufgebaut ist und eine einheitliche Sprache gefunden wurde, sollte es an die explizite Zielformulierung und Planung zum Erreichen des Ziels gehen.

3.3   Gesprächsverlauf

Damit sich ein harmonischer und positiver Gesprächsverlauf einstellt, ist es zunächst einmal wichtig eine Wohlfühlatmosphäre zu schaffen, in die sich Frau R. eingeladen fühlt.Um eine Beziehungsebene aufzubauen nutze ich offene Fragen.
Berater: „Guten Tag Frau R., mein Name ist ____, wie geht es Ihnen? Haben sie gut hergefunden?"
Dann begleite ich sie in eine ruhige Ecke, wo wir uns ungestört unterhalten können und beginne mit der Bedarfsanalyse.
Die Bedarfsanalyse dient dazu bewusste wie auch unbewusste Motive herauszufinden, sowie Mangelgefühle zu identifizieren, Motive, Einstellungen oder auch Ängste die dem Kunden bislang selbst noch nicht unbedingt bewusst waren (Schlaffke & Plünnecke, 2016, S. 86-87). Bei der Methode des „pacings" ist der Kunde gefragt, denn der Redeanteil setzt sich aus 80% des Kunden und 20% des Beraters zusammen. Es geht darum, den Kunden durch offene Fragen und dem aktiven Zuhören zu animieren, ganz frei und offen über seine Probleme zu reden, ohne dass man ihm ins Wort fällt oder durch gezielte Fragen in die Enge treibt (Schlaffke & Plünnecke, 2016, S. 88).

Berater: „Frau R. darf ich Ihr genaues Alter erfahren und würden Sie mir ihre Situation schildern? Wie kann ich Ihnen helfen?"

Frau R.: „Ich bin 30 Jahre alt, verheiratet, Mutter von zwei Kindern und berufstätig. Ich würde gern etwas für mich und meine Figur tun."

Berater: „Ok, haben Sie denn körperliche Beschwerden? Oder Schmerzen?"

Frau R.: „Nein, mir geht es hauptsächlich darum, mich wieder wohl zu fühlen, Gewicht zu verlieren und etwas nur für mich zu tun. Schmerzen habe ich keine, zum Glück."

Berater: „Gut. Frau R., wie groß sind Sie und was ist Ihr aktuelles Gewicht?"

Frau R.: „Ich bin knapp 1,72 m und wiege 88kg."

Um jetzt vom vermuteten Bedarf hin zum konkreten Bedarf und zum Nutzen zu gelangen, empfiehlt sich die OPAL-Methode anzuwenden. Diese Phase setzt sich aus folgender Reihenfolge zusammen: Orientierungsfragen, Problemfragen, Auswirkungsfragen und den Lösungsfragen (Schlaffke & Plünnecke, 2016, S. 88).

Berater: „Haben Sie sich vor der Geburt Ihrer Kinder sportlich betätigt?"

Frau R.: „Ja, regelmäßig und es hat mir immer sehr viel Spaß gemacht."

Berater: „Wie sah die sportliche Aktivität aus?"

Frau R.: „Mal war ich Joggen, Schwimmen oder Radfahren, meistens habe ich mit einer Freundin zusammen Sport gemacht."

Berater: „Haben Sie Erfahrungen im Fitnessstudio?"

Frau R.: „Nein, meist habe ich im Freien Sport getrieben, bin aber sehr gespannt und freue mich auf das Fitnessstudio."

Berater: „Was denken Sie denn wie oft Sie in der Woche trainieren müssen, um an Ihr Ziel zu gelangen?"

Frau R.: „Zwei bis drei Mal die Woche."

Berater: „Auf einer Skala von 0-100 %, wie schätzen Sie sich selbst ein, dass Sie das auch wirklich, rein von ihrer Motivation her, realisieren können?

Frau R.: 80%!"

Berater: „Ok, 80% ist ja eine sehr gute Basis. Haben Sie auch vor, nach der Erreichung des Ziels weiter zu trainieren oder dann wieder aufzuhören?"

Frau R.: „Das kann ich so pauschal jetzt nicht beantworten, weiter machen werde ich auf jeden Fall, aber ob ich dann weiterhin auch im Fitnessstudio trainiere, das weiß ich nicht. Ich sehe das jetzt als Chance nochmal den Einstieg zu finden."

Berater: „Ok. Sie haben erzählt, Sie haben zwei Kinder. Würden sie das denn auch zeitlich schaffen? Haben sie Unterstützung?"

Frau R.: „Ja, Unterstützung hätte ich auch von meinem Mann, aber auch von den Großeltern."

Es ist wichtig seinem Kunden das Gefühl zu geben, dass man wirklich interessiert an ihm ist, dass man ein offenes Ohr für ihn hat und man vollkommen unvoreingenommen ihm gegenüber steht. Mit gezielten Fragestellungen ist es nun an der Zeit bei Frau R. ein Problembewusstsein zu schaffen.

Berater: „Frau R., was denken Sie, wie sich Ihre Situation weiter entwickeln wird, wenn sich an der Situation nichts ändert?"

Frau R.: „Wahrscheinlich, werde ich mich immer unwohler fühlen und irgendwann gar keine Motivation mehr aufbringen können."

Es ist wichtig, so eindringlich auf diese Eventualität einzugehen, damit ein Bewusstsein dafür geschaffen wird, wie wichtig Sport und regelmäßige Bewegung für den Abnehmerfolg sind. Zudem kommt hinzu, dass sich Sport positiv auf die Gesundheit auswirkt und einen Ausgleich zum stressigen Alltag bietet.

Nachdem der Informationsaustausch stattgefunden hat, Aufklärung betrieben und der konkrete Bedarf formuliert wurde und somit auch der Nutzen klargeworden ist, kann man zur Verstärkung und zur Festigung dieser Einsicht eine „Kosten-Nutzen-Analyse", entweder durch eine „Kosten-Nutzen-Waage" oder mit dem „Vierfelder Schema" bezogen auf die sportliche Anstrengung, erstellen. Mit Frau R. werden nun Vor- und Nachteile analysiert, die die regelmäßige Bewegung mit sich bringt. Diese Werkzeuge dienen dazu, eine Liste zu erarbeitet, die darauf Bezug nimmt, was eventuell aufgegeben werden muss, sich auf kurze oder lange Sicht verändert oder wie sich die sportliche Aktivität negativ oder positiv auf den Alltag auswirken kann (Pieter, 2016, S. 286).

Berater: „Um Ihr Ziel zu erreichen, könnten sich auch negative Dinge herauskristallisieren. Zum Beispiel nicht mehr so viel Zeit mit der Familie, weniger Freizeit, es kann sich auch als sehr mühsam und anstrengend gestalten. Wie schätzen Sie sich selbst ein, wie würden Sie mit den Situationen umgehen? Dagegen stehen natürlich die Vorteile: Wohlbefinden, eine gute Figur, Vitalität, gestärktes Immunsystem. Wie würden sie selbst die einzelnen Punkte gewichten und was ist für Sie wichtig?"

-Denkpause-

Frau R.: „Natürlich, fände ich es nicht schön, wenn ich dann auch mal meine Familie hinten anstellen muss, um ins Training zu gehen. Aber es wird höchste Zeit etwas für mich zu tun. Je besser ich mich fühle, desto ausgeglichener bin ich und davon profitiert auch meine Familie. Sport als meine Freizeit anzusehen fällt mir denke ich nicht schwer, so kenne ich es noch von früher."

Um nun das passende Ziel zu formulieren, eignet sich die SMART-Formel. Sie hilft dabei spezifische, messbare, attraktive, realistische und terminierte Ziele zu formulieren. Ziele müssen so formuliert sein, dass sie in einem vorhergesehenen Zeitraum, meist sechs Wochen, auch tatsächlich zu realisieren sind und keine Überforderung, Enttäuschung oder eine Frustration hervorrufen(Peter, 2016, S. 288-290).

Berater: „Ok, was ist denn für Sie das Wichtigste? Was möchten Sie verändern?"

Frau R.: „Ich würde gern Umfang und Gewicht verlieren."

Berater: „Können Sie es versuchen zu konkretisieren? Nennen sie mir einfach mal Zahlen. Wieviel Kg in welchem Zeitraum?"

Frau R.: „Toll wäre es, wenn ich in einem halben Jahr ca. 10kg abnehmen könnte."

Berater: „Das scheint mir ein realistisches Ziel, wenn wir mit 2-3 Trainingseinheiten pro Woche anfangen. Ideal wäre es zwei bis vier Kg in einem Monat zu verlieren.
Könnten Sie sich denn ein Gruppentraining vorstellen? Oder lieber Einzeltraining? Persönlich denke ich, gerade zu Beginn wäre in beiden Fällen eine Betreuung sinnvoll."

Frau R.: „Auf jeden Fall benötige ich eine Betreuung, da ich keinerlei Erfahrungen habe. Gruppentraining und Kurse könnte ich mir aber auch gut vorstellen."

Um alle Zweifel endgültig zu beseitigen, soll die Einwand(vor)behandlung nicht außer Acht gelassen werden, denn „jeder Einwand des Kunden bietet die Möglichkeit, die Zweifel des Kunden auszuräumen und dafür zu sorgen, dass er Vertrauen gewinnt." (Hofbauer & Hellwig, 2009; zitiert nach Schlaffke & Plünnecke, 2016, S. 89). Um diese durchzuführen, wiederhole ich nochmal die wichtigsten Punkte.

Berater: „Frau R., um nochmal kurz zusammenzufassen: Sie sind 30 Jahre alt, bei einer Körpergröße von 1,72 m wiegen sie 88 Kg. Sie möchten vor allem ihr Gewicht reduzieren. In 6 Monaten, 10 Kg. Sie haben soweit aber keine körperlichen Beschwerden. Um zwei bis drei Trainingseinheiten zu realisieren, hätten sie die Zeit sowie die notwendige Unterstützung Ihrer Familie. Bis jetzt haben Sie noch keinerlei Erfahrungen in einem Fitnessstudio, würden eine Betreuung zu Beginn bevorzugen und könnten sich ein Gruppentraining durchaus vorstellen. Habe ich noch etwas vergessen?"

Frau R.: „Nein, alles korrekt."

Um sicher zu gehen, dass Frau R. mit dem formulierten Ziel glücklich und zufrieden ist und sich damit identifizieren kann, sollte gegebenenfalls noch einmal eine Einwand(vor)behandlung durchgeführt werden. Erst wenn Frau R. positiv gestimmt ist, ihr Ziel klar vor Augen hat, sollte der Berater mit der Angebotspräsentation beginnen.

Berater: „Gut. Welche finanziellen Möglichkeiten haben Sie monatlich denn?"

Frau R.: „Mein Mann und ich sind beide berufstätig, 50-80 € könnte ich ausgeben."

Berater: „Bei uns kostet das erste Quartal 67,90 € und fällt dann auf 27,80 Euro/Monat ab. Dies hat den Hintergrund, dass Anfangs viel im Bereich Betreuung und Anleitung stattfindet, Ihnen wird ein Personaltrainer zur Verfügung gestellt. Danach sollten Sie in der Lage sein, das Training mehr oder weniger alleine durchzuführen. Natürlich können Sie jederzeit Kurse belegen oder Ihre Leistungen aufstocken."

Bei der Angebotspräsentation ist es wichtig, dass auf den konkreten Bedarf von Frau R. eingegangen wird sowie auf das zusammen erarbeitete Ziel. Um dies erreichen zu können, muss ein individuelles Angebot vorgelegt werden. Bei der Angebotspräsentation sollte darauf geachtet werden, dass sie mehr nutzen- als leistungsorientiert ist. Der Kunde muss einen Nutzen für seinen Bedarf sehen (Hofbauer & Hellwig, 2009; zitiert nach Schlaffke & Plünnecke, 2016, S. 90). Nur wenn Frau R. in dem Angebot die Lösung für ihre Probleme erkennt, wird sie bereit sein etwas für das Angebot zu zahlen und es mit guten Gewissen annehmen.

Frau R.: „Das klingt gut. Wann könnten wir beginnen?"

Berater: „An welchen Tagen wäre es Ihnen denn am liebsten?"

Frau R.: „Mittwoch Vormittags, Freitag Nachmittags und Samstag Mittags wären die Tage an denen es für mich am besten zu realisieren ist."

Berater: „Dann würde ich sagen, beginnen wir am kommenden Mittwoch. Wollen wir dann nach vorne, um die Mitgliedschaft zu unterzeichnen?"

Frau R.: „Ja, sehr gerne."

Berater: „Ich freue mich auf unsere Zusammenarbeit."

4 Literaturverzeichnis

- Bandura, A. (1997): Self-efficacy: *The exercise of Control*. New York: Freeman.

- Jerusalem, M., & Schwarzer, R. (2002). *Das Konzept der Selbstwirksamkeit*. In M. Jerusalem, & D. Hopf, Selbstwirksamkeit und Motivationsprozesse in Bildungssituationen (28-53). Zeitschrift für Pädagogik, Beiheft; 44.Weinheim: Beitz Verlag.

- Möller, H.J., Laux, G. & Deister, A. (2005). *Psychiatrie und Psychotherapie* (3. Auflage). Stuttgart: Thieme.

- Tölle, R. (1999). *Psychiatrie*. (12 Auflage). Berlin, Heidelberg: Springer Verlag.

- Sting, S. & Blum, C. (2003). *Soziale Arbeit in der Suchtprävention: Soziale Arbeit im Gesundheitswesen*. München: Reinhardt.

- Schulze, A.-K. (2003). *Wie entsteht Sucht?* Hrsg.: Die Techniker. Zugriff am 17.02.2017. Verfügbar unter: https://www.tk.de/tk/medizinwissen_a-z/sucht/wie-entsteht-sucht/35150

- Hüttemann, M., Schmid, H. & Rösch, C. (2010). *Das Paradigma der evidenzbasierten Praxis in der Suchtprävention*. Suchtmagazin, 1/10, 5-12.

- Freud, S. (1905). Drei Abhandlungen zur Sexualtheorie. Neuauflage: (1972). Frankfurt am Main: Fischer Taschenbuch Verlag.

- BMG (Bundesministerium für Gesundheit, Hrsg.). (2016). *Sucht und Drogen*. Zugriff am 21.02.2017. Verfügbar unter: http://www.bundesgesundheitsministerium.de/themen/praevention/gesundheitsgefahren/sucht-und-drogen.html

- BMG (Bundesministerium für Gesundheit, Hrsg.). (2015). *Alkohol*. Zugriff am 21.02.2017. Verfügbar unter: http://www.bundesgesundheitsministerium.de/service/begriffe-von-a-z/a/alkohol.html

- Bundeszentrale für gesundheitliche Aufklärung (2017). *Suchtprävention.* Zugriff am 21.02.2017. Verfügbar unter: http://www.bzga.de/bot_suchtpraevention.html

- BMG (Bundesministerium für Gesundheit, Hrsg.). (2016). *Rauchen.* Zugriff am 21.02.2017. Verfügbar unter: http://www.bundesgesundheitsministerium.de/service/begriffe-von-a-z/r/rauchen.html

-Heinze, Gerhard & Reuß, Marion (*2009*). *Alkohol-, Medikamenten- und Drogenmissbrauch im Betrieb.* (3. Auflage). Berlin: Erich Schmidt Verlag.

- M. Klein & R. Thomasius (2012). *Trampolin.* Zugriff am 22.02.2017. Verfügbar unter: http://www.projekt-trampolin.de/

- Deutsche Hauptstelle für Suchtfragen e.V. (2017): *12. Sucht-Selbsthilfe Konferenz 2017. Thema: "Abstinenz-Konsum-Kontrolle".* Zugriff am 22.02.2017. Verfügbar unter: http://www.dhs.de/start/startmeldung-single/article/12-sucht-selbsthilfe-konferenz.html

- Die Drogenbeauftragte der Bundesregierung (2012). *Nationale Strategie zur Drogen- und Suchtpolitik.* Zugriff am 27.02.2017. Verfügbar unter: http://www.emcdda.europa.eu/system/files/DE_2012_Nationale%20Strategie%20Druckvorlage.pdf

- Schlaffke, W. & Plünnecke, A. (2016). *Studienbrief Beratungs- und Servicemanagement* (Rev.15.018.000). Saarbrücken: Deutsche Hochschule für Prävention und Gesundheitsmanagement.

- Pieter, A. (2016). *Studienbrief Psychologie des Gesundheitsverhaltens* (Rev.15.019.000). Saarbrücken: Deutsche Hochschule für Prävention und Gesundheitsmanagement.

5 Abbildungs- und Tabellenverzeichnis

5.1 Abbildungsverzeichnis:

5.2 Tabellenverzeichnis: